DE ZWARTE DOOD

- **Wanneer is het gebeurd?** Van 1347 tot 1352.

- **Waar?** In heel Europa.

- **Slachtoffers?** Tussen de 20 en 35 miljoen doden in het Westen.

- **Implicaties?**

  - Demografische achteruitgang.

  - Economische crises.

  - Culturele omwenteling.

  - Een nieuwe relatie met de dood.

De Zwarte Dood, of Grote Pest, die heel Europa in de 15DE eeuw trof, was de grootste epidemie die Europa ooit had meegemaakt. Het maakte de toch al moeilijke context voor het Westen nog moeilijker. Politieke onrust, hongersnood en oorlog waren in die tijd de orde van de dag. Het reeds verzwakte Europa verloor binnen vijf jaar een derde van zijn bevolking aan de pandemie. De omvang en de gevolgen van een dergelijke ramp zijn moeilijk voor te stellen: hele dorpen verdwijnen, de economie wordt beschadigd, buitenlanders worden met argwaan behandeld en de angst knaagt dagelijks aan de mensen. Onbegrepen, werd de plaag gelijkgesteld met een goddelijke straf of vergiftiging van de lucht. In wanhoop gaat men op zoek naar de schuldigen, wat leidt tot de afslachting van Joden, melaatsen en andere verschoppelingen. Maar er kan niets gedaan worden. De dood,

DE ZWARTE DOOD

Europa gedecimeerd in de 14e eeuw

50MINUTES.com

DE ZWARTE DOOD

Europa gedecimeerd in de 14e eeuw

geschreven door Jonathan Duhoux
vertaald door Nikki Claes

50MINUTES.com

verpersoonlijkt door de figuur van de maaier, blijft de zielen van arm en rijk, edel en boer, rechtvaardig en schuldig, zonder onderscheid nemen.

Hoewel de Zwarte Dood in 1352 verdween, dook de epidemie in Europa meer episodisch op, om de acht tot tien jaar tot de 18de eeuw . De bacterie die verantwoordelijk is voor de ziekte (*Yersinia pestis*) werd pas aan het eind van de 19de eeuw ontdekt en pas in de daaropvolgende eeuw en met de uitvinding van antibiotica werd een doeltreffend middel tegen de ziekte gevonden. De kracht van de epidemie in de 19de eeuw heeft een blijvende indruk achtergelaten op de geesten van de mensen, en er worden nog steeds studies verricht. De plaag blijft een ernstige bedreiging voor de mensheid.

CONTEXT

VAN WELVAART NAAR FATALITEIT

In de 13ᴰᴱ eeuw was het Westen booming: de Europese handel beleefde een periode van grote bloei, en de oogsten waren rijk dankzij het vaak gunstige klimaat. De jaarmarkten in Vlaanderen en Champagne genoten een ongekende populariteit. Alle westerse kooplieden kwamen er samen om handel te drijven, goederen uit te wisselen of gewoon nieuwe contacten te leggen. Brugge werd het knooppunt van alle handelsnaties. In Italië beheersten de steden Venetië en Genua alle mediterrane handel. Na 1270 kunnen banden worden gelegd met China en India, die eveneens een periode van vrede doormaken. Westerse gordijnen, metalen en wijnen werden geruild tegen zijde, katoen en oosterse kruiden.

Deze commerciële expansie werd ook vergemakkelijkt door de technische vooruitgang en de voortdurende verbetering van het vervoer. Schepen waren sneller en konden meer goederen vervoeren; waterwegen werden beter onderhouden en er werden nieuwe wegen aangelegd over de Alpen. De afstanden leken korter en de handel nam toe.

 ## TECHNISCHE INNOVATIES

In de 13ᴰᴱ eeuw werden marine technieken ontwikkeld, die de efficiëntie van de rivier- en zeehandel sterk verbeterden. Het kompas maakte het makkelijker voor schepen om zich te oriënteren. De astrolabium, een klein astronomisch instrument, was zeer nuttig om 's nachts de sterren te lezen. Ten slotte maakte het achter-stevenroer, dat met een systeem van scharnieren aan de achtersteven van schepen was bevestigd, een betere beheersing van de richting van de schepen mogelijk.

Maar het begin van de 15ᴰᴱ eeuw vertraagde en doorbrak dit momentum. Als een prelude op het einde van de wereld werd het Westen getroffen door talrijke rampen, alsof de vier ruiters van de apocalyps er waren samenge-komen om oorlogen, opstanden, hongersnoden en epide-mieën achter te laten. De politieke onrust nam toe, met name tussen Frankrijk en Engeland (de Honderdjarige Oorlog, 1337-1453) en de verschillende machtsstrijden in Italië. Een klimaat dat minder gunstig was voor de land-bouw leidde tot hongersnoden en voedseltekorten in heel Europa. Bovendien verspreidden pokken en pest zich in een angstaanjagend tempo.

 ## WIST JE DAT?

Een voedselschaarste betekent dat een bevolking een tekort aan voedsel heeft, maar op een minder dramati-sche manier dan bij een hongersnood. Voedselschaarste was heel gewoon in de Middeleeuwen: boeren leden meestal honger. Hongersnoden daarentegen waren ongebruikelijker, maar kwamen in deze periode toch regelmatig voor.

HONGER, EEN KLIMAATPROBLEEM

Hongersnood was een van de veel voorkomende kwalen in de Middeleeuwen. Gesymboliseerd door de derde van de ruiters van de apocalyps, spreekt de honger tot de verbeelding van die tijd met verschrikkelijke bovennatuurlijke beelden.

Toch zijn de oorzaken betrekkelijk eenvoudig. De landbouw is kwetsbaar en zeer gevoelig voor klimaatongevallen. Te veel regen, een iets te lange winter of een iets te droge zomer, en de gevolgen zijn desastreus voor de gewassen. Vooral omdat de opslagcapaciteit toen laag was. Bovendien hadden oorlogen ernstige gevolgen voor de landbouw, niet alleen door de mobilisatie van mannen – die niet meer op het land werkten – maar ook door de vernielingen die zij veroorzaakten.

Kuststeden, voornamelijk langs de Middellandse Zee of de Oostzee, worden minder door hongersnood getroffen omdat ze een milder klimaat hebben. De rijke Italiaanse stadstaten, zoals Venetië of Genua, bleven relatief onaangetast. Zij waren gemakkelijker te bevoorraden en investeerden doorgaans de nodige middelen om de bevoorrading te garanderen, zelfs als dat betekende dat zij zich in de schulden moesten steken.

In 1280 was de stijging van de graanprijs het eerste waarschuwingssignaal: de productie daalde. De situatie werd ingewikkelder vanaf de jaren 1310, een periode die werd gekenmerkt door een blijvende daling van de temperaturen in het Westen. Dit werd later bekend als de

Kleine IJstijd. De winters duurden langer en de zomers waren bijzonder regenachtig, een combinatie die negatieve gevolgen had voor de oogsten. Vele hongersnoden, verspreid over grote geografische gebieden, waren het gevolg van deze slechte omstandigheden. Maar ondanks de vele doden herstelt de bevolking zich vrij snel. Hongersnood op zich leidt niet tot een echte demografische achteruitgang, maar de schade die het veroorzaakt moet niet licht worden opgevat: in combinatie met andere hongersnoden veroorzaakt het een echte economische depressie en een algemene achteruitgang.

De Zwarte Dood is soms gezien als het natuurlijke gevolg van deze mondiale onbalans. Hoewel deze Malthusiaanse interpretatie aantrekkelijk lijkt, is ze nu achterhaald.

 **WIST JE DAT?**

De Malthusiaanse interpretatie, genoemd naar Thomas Malthus (1766-1834), komt voor in zijn *Essay on the Principle of Population*, geschreven in 1798. Daarin legt de Anglicaanse bisschop uit dat elke bevolking een natuurlijke grens heeft, bepaald door de beschikbare middelen. Zodra de grens is bereikt, wordt de bevolking "gereguleerd" door rampen zoals oorlogen, hongersnoden of epidemieën.

Tegen de 13[DE] eeuw had de westerse bevolking haar grenzen al bereikt. Door het land te ontginnen hadden de boeren al het vruchtbare land omgezet in akkers. De bevolking had dus haar maximum bereikt wat betreft de beschikbare graangewassen. De bevolking bleef echter stabiel tot het midden van de 15DE eeuw. De Zwarte Dood verscheen dus niet op het moment dat de bevolking een kritische drempel bereikte, als een goddelijk oordeel dat de demografie moest reguleren. Maar het is waar dat deze pandemie plaatsvond in een toch al moeilijke context, die ongetwijfeld heeft bijgedragen tot de omvang van de verwoesting.

FREQUENTE POLITIEKE ONRUST

Politieke confrontaties waren legio in de 15DE eeuw. Het zou zinloos zijn om een opsomming te geven van alle particuliere oorlogen die in de loop van de Middeleeuwen hebben plaatsgevonden en waarvan de motieven meestal de meest triviale waren: wraak als reactie op een onrechtvaardigheid, de wens om het eigen grondgebied uit te breiden of gewoon om wraak te nemen op een aanval op het gevoel van eigenwaarde.

Deze eeuw werd ook gekenmerkt door meer wereldwijde conflicten. Heel Italië was in de greep van politieke, economische en sociale onrust. Maar het beroemdste conflict was de Honderdjarige Oorlog, die een decennium voor de pestepidemie begon. Het zette de koninkrijken van Frankrijk en Engeland tegen elkaar op in een reeks botsingen die een blijvende stempel op Europa drukten. Hoewel er vele oorzaken waren voor deze oorlog, springen twee elementen in het bijzonder in het oog. Ten eerste was de koning van Engeland de vazal van de koning van Frankrijk voor de gebieden die hij bezat op het continent, en de Engelse monarchie wilde zich bevrijden van deze verplichtingen.

De tweede reden houdt verband met een opvolgingsprobleem. Toen de drie zonen van de Franse koning Filips de Schone (1268-1314) zonder erfgenamen stierven, werd hun neef Filips van Valois (1293-1350) tot koning gekroond. Maar hun neef, Edward (1239-1307), reeds koning van Engeland, vocht deze beslissing aan. Deze begonnen in 1337 de vijandelijkheden, vielen het continent aan en stuurden vervolgens de Franse vloot naar de bodem van de zee in de Slag bij L'Écluse (1340). Tijdens de Zwarte Dood domineerden de Engelsen de gevechten, totdat zij in 1360 een goed derde van Frankrijk in handen hadden. In 1422 werd een Engels-Franse monarchie ingesteld. Pas door de interventie van Jeanne d'Arc (1412-1431) herwonnen de Fransen hun grondgebied, met uitzondering van Calais (1453).

Het zou juister zijn om deze strijd "de Honderdjarige Oorlogen" te noemen, aangezien het in feite geen enorm conflict was waarin talloze gewapende troepen dagelijks met elkaar slaags raakten. Het is nauwkeuriger om het te zien als een reeks botsingen die een eeuw overspannen, die allemaal verbonden waren door de bittere wrok van de twee koninkrijken. Met uitzondering van enkele grote gevechten vallen er weinig doden bij de gevechten, en de strijders zijn betrekkelijk gering in aantal.

Ondertussen doorkruisen krijgslieden en huurlingen het land in alle richtingen en verwoesten gewassen en dorpen. In tijden van wapenstilstand is de situatie nog erger. De soldaten, die geen loon meer krijgen, leven van de inwoners. Ze plunderden de dorpelingen, martelden hen en namen zelfs hun intrek in de kastelen die door de gevangen heren waren verlaten. Maar als er geweld is, is het zeer zeldzaam dat anarchie een regio in zijn greep krijgt. De heren die stand hielden, handhaafden over het algemeen de orde in hun land. Helaas vergemakkelijken deze troepenbewegingen, of ze nu oorlog voeren of roverheid bedrijven, de verspreiding van epidemieën.

DE ZWARTE DOOD

EEN PLAAG UIT AZIË

Middeleeuwse kroniekschrijvers spreken over een "kwaad dat terreur verspreidt" afkomstig uit India of China, wat door het huidige onderzoek wordt bevestigd (geciteerd door BALARD (Michel), "Les semeurs de peste", in *L'Histoire*, nr. 262, februari 2002, blz. 18). De pest verscheen al in 1331 in China en verspreidde zich tot 1393 naar alle uithoeken van het rijk. Het decimeerde een derde van de Chinese bevolking, dat wil zeggen meer dan 35 miljoen inwoners. De pestepidemieën verspreidden zich vervolgens onverbiddelijk over het hele continent, doordat mensen zich langs de handelsroutes verplaatsten. In 1338 bereikte de plaag Centraal-Azië en trof de roemrijke stad Samarkand in het huidige Oezbekistan. De ziekte verspreidde zich naar de Mongoolse khanaten (vorstendommen) en bereikte in 1346 de Zwarte Zee, aan de poort naar Europa.

 **WIST JE DAT?**

Het woord "pest", van het Latijnse *pestis* ("epidemie, plaag"), verscheen pas in de 19DE EEUW. Middeleeuwse kroniekschrijvers gebruikten in plaats daarvan de termen "pestilentie", "vergiftiging" of "sterfte". Bovendien wordt de term "Zwarte Dood" niet gebruikt om te verwijzen naar de kleur van de lijken of de builen – wat niet waar is. Het adjectief wordt eerder gebruikt om het bijzonder duistere, sombere en angstaanjagende karakter van de epidemie te benadrukken.

De regio was bezaaid met Genuese en Venetiaanse handelsposten, die op dat moment in conflict waren met Mongoolse legers. Na handelsgeschillen en rellen tussen christenen en moslims besloot de Khan (heerser) Djanibeg (gestorven in 1357) de westerlingen uit de regio te verdrijven. In 1344 belegerde hij de Genuese handelspost Kaffa op de Krim, maar een groot Italiaans reserveleger dwong hem zich terug te trekken. Twee jaar later keerde het Mongoolse leger terug, maar deze keer werd het gedecimeerd door een pestepidemie. Verzwakt door duizenden doden besloot de khan geïnfecteerde lijken over de muren te katapulteren. De belegerden haastten zich om de doden terug in zee te gooien, maar het was al te laat: de pest verspreidde zich binnen de muren. Dit was het eerste geval van een biologische aanval in de geschiedenis.

Verschillende historici trekken echter de authenticiteit van deze anekdote in twijfel, die wordt gerapporteerd door een kroniekschrijver uit die tijd, Gabriele de Mussi (1280-1356). Het is zeker dat de bevolking van Kaffa in die tijd door een epidemie werd gedecimeerd, maar het is mogelijk dat deze werd overgebracht door ratten die door de vestingwerken liepen. Maar wat de echte oorzaak ook was, Kaffa was een belangrijke handelspost voor Europa, met druk maritiem verkeer. Bijgevolg moeten Genuese schepen ten tijde van het incident de haven hebben verlaten om terug te keren naar Europa, met in hun ruimen de Zwarte Dood die het Westen eeuwenlang zou teisteren.

EEN SNELLE VERSPREIDING

Vanuit de stad Kaffa verspreidde de plaag zich via schepen. Het bereikte Pera, een Genuese handelspost niet ver van Constantinopel, voor het eerst in de zomer van 1347. De epidemie verspreidde zich vervolgens langs de Zwarte Zee, naar Griekenland, de Egeïsche eilanden, Cyprus, Kreta en Egypte. Elke getroffen stad was een nieuw brandpunt dat de infectie in alle richtingen verspreidde.

Eind 1347 bereikten de Genuese schepen Marseille. De pest was daar bijzonder hevig. In sommige straten stierven alle inwoners binnen enkele weken. Vanuit deze kruispuntstad verspreidde de epidemie zich zeer snel: naar Noord-Spanje, Corsica, de Provence, Sardinië en Noord-Italië. De ziekte bereikte Avignon, waar de paus sinds 1309 zetelde. Zes kardinalen en 93 leden van het pauselijk hof werden gedecimeerd in 1348.

De pest verspreidde zich het snelst langs de belangrijkste verbindingswegen en tijdens de zomer, wanneer het verkeer het drukst was. In een trieste speling van het lot versnelde het dichte en snelle handelsnetwerk dat de ontwikkeling van het Westen in de 13DE eeuw ondersteunde de verwoestingen van de ziekte in de volgende eeuw.

In 1348 werd heel Frankrijk getroffen door uitbraken, die zich verspreidden langs de Rhône, Saône, Seine en Rijn.

In hetzelfde jaar meldde Nederland de eerste gevallen van pest in Gent en Brussel. Van daaruit stak de epidemie het Kanaal over en decimeerde Engeland, waar Londen een zware prijs betaalde. Na de Rijn viel hij Duitsland en Zwitserland binnen. Het hoge noorden van Europa werd niet gespaard. In 1349 en 1350 leden Noorwegen en Zweden aan de ziekte, voordat deze oversloeg naar Schotland, IJsland en Groenland. In 1351 teisterde de epidemie Rusland en nam daarbij de groothertog van Moskou en de hoogste patriarch van de orthodoxe kerk mee. De plaag trok vervolgens naar de Krim, de plaats van oorsprong, alvorens spontaan uit te sterven. De epidemie werd een pandemie.

Sommige gebieden zijn vreemd genoeg gespaard gebleven. Terwijl dit gemakkelijk kan worden verklaard voor enkele geïsoleerde steden in de bergen, is het moeilijker voor bepaalde regio's van het huidige België (Henegouwen en Limburg), die een lager besmettingspercentage melden dan elders, hoewel zij communicatieknooppunten zijn. Maar deze situatie was slechts tijdelijk: de pest brak er uit tussen 1360 en 1363.

Niet alle steden zijn even erg getroffen door de plaag. Een stad als Venetië werd letterlijk gehalveerd. Tussen 1347 en 1349 telde het ongeveer 90.000 slachtoffers, dat wil zeggen 60% van de bevolking. Deze situatie was des te verbazingwekkender omdat de stad zeer snel maatregelen nam om de ziekte te bestrijden. Venetië was verspreid over een reeks eilanden, een strategische positie waardoor het vrij gemakkelijk het verkeer van goederen en mensen kon controleren. Schepen moesten 40 dagen voor anker liggen voordat ze de haven mochten binnenvaren. De doden worden begraven op geïsoleerde eilanden op een diepte van minstens 1,5 meter. Maar niets werkt. Ondanks de passende maatregelen heeft Venetië één van de hoogste sterftecijfers van het Westen.

Een stad als Milaan daarentegen verliest "slechts" 15% van zijn bevolking, op een totaal van 100.000 inwoners. Het klopt dat de oligarchie die aan de macht is in deze stad de middelen heeft om uitzonderlijke maatregelen op te leggen. De besmette gezinnen worden in hun huizen opgesloten en op afstand gevoed door een systeem van schuifmanden. Maar dit verklaart niet het enorme verschil in sterfte met Venetië, dat ook maatregelen nam om de verspreiding van de ziekte te beperken.

In Londen komen de cijfers overeen met het gemiddelde Europese sterftecijfer: tussen 20 en 50% van een bevolking van 50.000 mensen stierf. Maar de omvang van de ramp was nog steeds aanzienlijk. In de zomer van 1348 stierven dagelijks 290 inwoners. De lijken moesten zo snel mogelijk worden geëvacueerd om het risico van besmetting te vermijden. Met 12 uur daglicht in dit seizoen betekent dit dat er gemiddeld elke tweeënhalve minuut een begrafenis plaatsvindt.

Slechts één gekroond hoofd bezweek aan de ziekte: Alfonso XI van Castilië (1311-1350), tijdens het beleg van Gibraltar. De machtigen werden relatief gespaard in vergelijking met de armen. De armen betaalden de zwaarste prijs, want zij woonden opeengepakt in de sloppenwijken van de steden. Hoewel de pest vaker toesloeg in stedelijke gebieden, bleef het platteland niet gespaard: men mag niet vergeten dat 90% van de bevolking in die tijd platteland was.

Sommige categorieën mensen worden meer getroffen dan andere. Dit geldt voor artsen, chirurgen en doodgravers, die de eersten zijn die met de zieken en doden in aanraking komen. Het is ook het geval van notarissen, die testamenten schrijven, of priesters, die voortdurend worden opgeroepen om de laatste sacramenten uit te spreken. Het voorbeeld van Perpignan is veelzeggend: de stad verloor 50% van haar bevolking, waaronder 60% van haar advocaten en notarissen, en tot 75% van haar reguliere geestelijken. Slechts twee op acht artsen overleefden de epidemie.

Het tekort aan mannen van God was bijzonder problematisch in zo'n religieuze samenleving. In Engeland verdween meer dan 40 procent van de geestelijken, zodat de bisschop van Bath en Wells in 1349 schreef: "Kondig allen aan dat zij, als zij op het punt staan te sterven, aan elkaar en zelfs aan een vrouw mogen biechten." (Geciteerd in Naphy (William) en SPICER (Andrew), *The Black Death. 1345-1730*, Parijs, Autrement, 2005, blz. 29). Vrouwen toestaan deel te nemen aan de sacramenten is in het verleden gedaan, in noodgevallen, maar een dergelijke maatregel blijft bijzonder uitzonderlijk. Het toont duidelijk de omvang van de ramp in de gelederen van de geestelijkheid, en de angst om naar het hiernamaals te vertrekken zonder eerst gebiecht te hebben.

EEN OUD KWAAD

Op zoek naar antwoorden op de Zwarte Dood kijken enkele middeleeuwse wetenschappers in de archieven van het verleden. Want de pest is niet ontstaan in de 15DE EEUW. Hij zou meer dan 20.000 jaar geleden in Centraal-Azië zijn verschenen. De oude bronnen die getuigen van het bestaan ervan zijn echter schaars en vaak erg vaag. Dus, in 430 voor Christus, Thucydides (historicus) Thucydides (Grieks historicus, ca. 460-na 395 v. Chr.) spreekt over een "pestilentie" die Athene trof, die op het eerste gezicht met de pest in verband gebracht zou kunnen worden, maar de huidige studies wijzen eerder op een epidemie van tyfus. In ieder geval zijn de bronnen niet duidelijk genoeg om met zekerheid te bevestigen dat het om de pest ging.

Anderzijds bevestigen recente archeologische opgravingen onder de Byzantijnse keizer Justinianus I (482-565) de aanwezigheid van de pestbacil. Dit was de eerste pandemie, waarschijnlijk afkomstig uit Egypte, die tussen 541 en 767 het hele Middellandse Zeegebied teisterde. Dezelfde verspreidingsmechanismen waren aan het werk als bij de Zwarte Dood: de ziekte verspreidde zich van haven tot haven en vervolgens langs de handelsroutes. Vanuit Alexandrië bereikte de plaag Constantinopel, verspreidde zich naar de havens aan de Middellandse Zee en reisde via de Rhône en de Rijn naar Trier. Toen bisschop Gregorius van Tours (538-594) Clermont-Ferrand bezocht, een stad die door de epidemie was getroffen, rapporteerde hij: "Omdat er een tekort was aan kisten en planken, werden tien of meer lichamen in hetzelfde graf begraven… Op een zekere zondag werden in de Sint-Pietersbasiliek wel 300 lichamen geteld." (Geciteerd door Barry (Stéphane), "La Peste noire", in *L'Histoire*, nr. 310, juni 2006, blz. 42) Het Byzantijnse Rijk verloor toen waarschijnlijk een kwart van zijn bevolking en zijn economie lag in puin.

EEN MODERN ANTWOORD

Tegenwoordig weten we dat de pest afkomstig is van een bacterie, *Yersinia pestis*, die pas in 1894 werd ontdekt door Alexandre Yersin (Frans bacterioloog, 1863-1943). Tijdens de Aziatische pandemie aan het eind van de 19e eeuw analyseerde Yersin bulten van door de pest getroffen lijken in Hong Kong om de bacterie te isoleren. Vier jaar later ontdekte Paul-Louis Simond (1858-1947) in India dat vlooien de vector van de ziekte waren. De verklaring voor de Zwarte Dood was eindelijk binnen handbereik.

De pest verspreidde zich eerst onder ratten. Ratten vermeden contact met mensen, maar gedijden toch in de sloppenwijken van de Middeleeuwen, uit het zicht. Toen de knaagdieren werden gedecimeerd door de pestbacil, wendden de vlooien die de ziekte bij zich droegen zich tot het eerste warme lichaam dat ze konden bereiken: de mens. Wanneer de concentratie van *Yersinia pestis* te hoog wordt in het spijsverteringskanaal van de vlo, spuugt de vlo bloed uit in plaats van het van zijn gastheer op te nemen. De gastheer wordt dan besmet en krijgt na een incubatietijd van ongeveer zes dagen hoge koorts. De patiënt heeft last van stuiptrekkingen, misselijkheid en hallucinaties. De lymfeklieren zwellen op en vormen zeer pijnlijke builen, die uiteindelijk barsten. De meeste sterfgevallen zijn te wijten aan inwendige bloedingen of hartaanvallen.

 ## WIST JE DAT?

Er zijn drie hoofdtypen pest: builenpest, longpest en septische pest. De builenpest, het meest voorkomende type, wordt rechtstreeks overgedragen door een vlo die de bacterie *Yersinia pestis bij zich draagt.* Binnen enkele dagen groeien één of meer lymfeklieren tot de grootte van een walnoot of een ei: dit zijn de builten. Eén op de vier patiënten overleeft dit type pest.

Longpest is altijd dodelijk. Zij ontwikkelt zich op twee manieren: ofwel besmet de bacil de longen na de builenvorm, ofwel wordt een gezond individu rechtstreeks besmet door een patiënt met een longvorm. Geïnfecteerde mensen zijn zeer besmettelijk en kunnen de ziekte overdragen door gewoon te ademen. De extreem snelle verspreiding van de Zwarte Dood in de 15e eeuw suggereert dat de longvorm waarschijnlijk veel voorkomt.

Septische pest, een mogelijke evolutie van de andere twee vormen, treedt op wanneer er bacteriën in het bloed aanwezig zijn. De septische pest is altijd dodelijk en veroorzaakt binnen enkele uren de dood.

Er wordt op gewezen dat veel onderzoekers nog steeds betwijfelen of de epidemie die Europa tussen 1347 en 1352 decimeerde, werd veroorzaakt door de pestbacil. Hun vermoeden is gebaseerd op het feit dat middeleeuwse kroniekschrijvers geen melding maken van een epidemie onder ratten. Bovendien vragen velen zich nog steeds af hoe de Zwarte Dood, zelfs in zijn longvorm, zich zo snel heeft kunnen verspreiden. Veel vragen blijven onbeantwoord. Misschien werd de Zwarte Dood wel veroorzaakt door een besmettelijke ziekte zoals miltvuur, waarbij het bloed van de slachtoffers volledig zwart wordt, of een virale hemorragische koorts zoals ebola. De meeste onderzoekers zijn echter van mening dat er voldoende bewijs is om aan te nemen dat de ziekte werd veroorzaakt door de bacterie *Yersinia pestis*.

EFFECTEN

EEN VERKEERD BEGREPEN KWAAD BESTRIJDEN

Zonder de hulp van de biologie en de moderne genees-kunde moet de middeleeuwse mens zijn eigen oplos-singen vinden. De meesten van hen besluiten, in plaats van het te bestrijden, te vluchten voor dit onbegrepen kwaad, wat helaas de verspreiding van de ziekte ver-snelt. Boccaccio (Italiaanse schrijver, 1313-1475) vertelt in zijn *Decameron* het verhaal van een groep Florentijnen die in ballingschap gaan om aan de pest te ontsnappen. Aan de hand van een reeks verhalen legt de auteur het belang uit van een Epicurische filosofie in het licht van de Zwarte Dood: omdat de dood elk moment kan toe-slaan, vervallen velen in lust en onmiddellijk genot.

De reactie van de Kerk is radicaal anders. Zo'n vreselijke ziekte kan alleen maar een goddelijke straf zijn. De woede van de Almachtige moet daarom worden gestild door gebeden, boetedoening en tekenen van nederig-heid. Zo zijn in Rouen spelletjes en beledigingen verbo-den om vergeving te vergemakkelijken. Het was echter moeilijk om heiligen te vinden waartoe men zich kon wenden, aangezien de vorige pandemie in de oudheid had plaatsgevonden. Zo baden veel christenen tot de Maagd Maria, verwijzend naar het feit dat zij in som-mige voorstellingen pijlenregens tegenhield met haar mantel, als om een uit de hemel gevallen plaag te breken. Later wendde het volk zich tot Sint Roch, die pestlijders zou hebben genezen. Helaas versnellen bepaalde uitingen van vroomheid nog steeds de verspreiding van de ziekte: dit is bijvoorbeeld het geval bij processies of bedevaarten.

In het uiterste geval pleiten sommigen voor zuivering door pijn. Om Gods toorn te stillen, martelen zij hun eigen lichaam, zoals de flagellanten, een sekte die vooral in Duitsland voorkomt. De processies van deze beulen verschijnen in sommige steden, vormen een cirkel rond een kerk, en beginnen hun ritueel met zingen. Het *Chronicon Henrici* de Hervordia (Dominicaans historicus, ca. 1300-1370) beschrijft de operatie: "Elke zweep bestond uit een stok met aan het uiteinde drie geknoopte banden, die in het midden waren doorboord met twee vlijmscherpe metalen punten die aan weerszijden uitstaken en zo een kruis vormden [...]. Met deze zwepen staken ze in hun naakte lichamen tot ze een massa vlees waren [...] druipend van het bloed en spattend op de muren" (geciteerd in Naphy (William) en Spicer (Andrew), *The Black Death. 1345-1730*, p. 39). Deze bewegingen werden streng veroordeeld door de kerk en de overheid. Alle bijeenkomsten van menigten werden in die tijd zeer negatief bekeken. En de flagellanten verdwenen als de pest, brutaal.

Grote specialisten kozen voor een meer medische benadering van de ziekte. Al in 1348 werden talrijke verhandelingen over dit onderwerp geschreven. Maar de remedies waren vaak ondoeltreffend, erg duur en zelfs gevaarlijk. De incisie van de builen bijvoorbeeld was uiterst pijnlijk en leidde vaak tot de dood van de patiënt. Anderzijds, hoewel besmetting nog een enigszins vaag verschijnsel was, begrepen de mensen al snel het mechanisme en vermeden daarom elk contact met de besmetten en hun bezittingen.

In de steden hadden de politieke leiders een vaag gevoel dat hygiëneproblemen ziekten in de hand werkten. Eerst verboden ze vuil op straat en lieten ze het afval buiten de muren brengen. Vervolgens maakten ze wetten voor beroepen die als "vuil" en "stinkend" werden beschouwd: slagers, vishandelaren en leerlooiers werden getroffen. Bovendien werden alle bezittingen van de pestlijders snel "ontsmet" door vuur.

Als deze maatregelen niet voldoende waren, betekende dit in de mentaliteit van die tijd dat de besmetting van geestelijke aard was. Mensen wendden zich dan tot zondebokken, degenen die zij verantwoordelijk achtten voor morele besmetting: joden, moslims, prostituees, bedelaars, melaatsen, vagebonden, buitenlanders of zelfs de armen. De Joden, nog steeds vaak verantwoordelijk geacht voor de dood van Christus, waren de eersten die zich zorgen maakten. Paus Clemens VI (1291-1352) probeerde hen te steunen met een bul van juli 1348, maar het effect daarvan bleef beperkt: enkele maanden later werden in Straatsburg 900 joden verbrand voordat de pest in de stad uitbrak.

DE PEST, EEN "ALLEDAAGSE" GEBEURTENIS

In 1352 verdween de plaag even snel als hij begonnen was. Het liet miljoenen doden achter. Paus Clemens VI schatte dat tussen 1347 en 1352 24 miljoen mensen stierven, op een bevolking van 75 miljoen – een derde van het Westen. Op de huidige schaal zou dit in de Europese Unie neerkomen op 160 miljoen doden in vijf jaar tijd. Volgens sommige huidige schattingen kan het verlies oplopen tot 50%. De bevolking van Engeland zou zelfs gedaald zijn van 7 miljoen naar 2 miljoen in 1400, een demografische daling van bijna 70%. Bij gebrek aan precieze bronnen is het echter onmogelijk het exacte aantal slachtoffers te tellen. De materiële en psychologische gevolgen van een dergelijke ramp zijn echter ontstellend.

De middeleeuwse economie is radicaal verstoord. De prijzen van landbouwproducten stijgen. Ambachten verdwijnen volledig in verschillende steden. De handel vertraagde of stopte zelfs in sommige regio's. Steden ontvingen minder belastingen omdat hun belastingbetalers bij honderden stierven, terwijl de kosten voor de aanpak van de pest stegen. De algemene wanorde vergemakkelijkt overvallen en misdaad. De oorlogen gingen door, wat leidde tot hogere belastingen, die rellen veroorzaakten. Aangezien slechts de helft van de bevolking de epidemie overleeft, worden land en rijkdom herverdeeld en geconcentreerd. En dit is slechts een kort overzicht van enkele van de economische gevolgen.

De plaag verdwijnt niet voorgoed. Integendeel, hij keert om de acht tot tien jaar regelmatig terug, neemt zijn deel van de lijken mee en verdwijnt dan weer. De Zwarte Dood wordt even natuurlijk en onvermijdelijk als oorlogen of het ritme van de seizoenen. De stedelijke omgeving, die veel meer wordt getroffen dan het platteland, moet zich aan deze nieuwe bedreiging aanpassen. In tegenstelling tot het afwachtende Oosten, dat de pest als een door God gewilde individuele straf onderging, probeerde het Westen te reageren. Verbeterde hygiëne, de vervolging van verschoppelingen en de praktijk van quarantaine werden in heel Europa met wisselend succes toegepast. Het doel was echter meestal niet om een remedie voor de ziekte te vinden, maar om deze zo goed mogelijk in te dammen, zodat samenlevingen niet in anarchie zouden vervallen.

DE DOOD, GEWELDDADIG EN ONPERSOONLIJK

In de vroege middeleeuwen werd de dood gezien als een natuurlijk, vreedzaam proces dat deel uitmaakte van de orde der dingen. Een stervende werd vergezeld door zijn of haar hele familie, die hem of haar steunde in deze beproeving. De laatste sacramenten worden gegeven door de pastoor, die een beter leven in het hiernamaals garandeert. Maar met de Zwarte Dood wordt dit hele concept op zijn kop gezet. De pest slaat willekeurig toe en roeit bepaalde families en zelfs dorpen uit. De overgang naar de volgende wereld is niet langer kalm en sereen wanneer de lichamen van de pestslachtoffers kronkelen van de pijn, voor iedereen te zien. Families steunen elkaar niet meer, want als een van hen besmet is, vluchten de anderen om besmetting te voorkomen. De lijken vallen bij honderden per dag, de openbare graven overstromen, en de laatste riten zijn moeilijk te geven.

De kunst van de 15DE eeuw, toen het thema van de danse macabre in Europa opkwam, illustreert deze alomtegenwoordige dood. Talloze schilderijen tonen skeletten en mummies die de levenden meeslepen in een helse dans. Het was ook in deze tijd dat het beeld van de maaier verscheen: de dood die de levenden bij honderden neemt, de levenden oogst alsof ze slechts kaf zijn.

DE IMPACT IS NOG STEEDS VOELBAAR

Een trauma van deze omvang heeft sporen nagelaten die nu nog zichtbaar zijn. In het dagelijks taalgebruik bijvoorbeeld blijven uitdrukkingen als "vluchten als de pest", "zich verspreiden als de pest", of "kiezen tussen de pest en cholera" veelzeggend.

De angst voor een nieuwe pandemie blijft verankerd in de collectieve verbeelding. Zombiefilms zijn een perfect voorbeeld hiervan in de populaire cultuur. Maar er zijn ook meer concrete dreigingen, zoals de miltvuur- en ebola-waarschuwingen die steeds weer in het nieuws komen. Deze epidemieën herinneren ons eraan dat een nieuwe "zwarte dood" een continent kan verwoesten.

Anderzijds maakte de uitvinding van antibiotica het mogelijk om de pest effectief te bestrijden. In 1930 verschenen de sulfonamiden, gevolgd door streptomycine in 1944, dat tot op heden het beste middel is. De pestbacil kan echter resistent zijn en het middel moet zeer snel na de besmetting van de patiënt worden toegediend om enige kans op succes te hebben. Anderzijds is er, ondanks deze weinige wetenschappelijke vorderingen, nog steeds geen vaccin tegen de pest, wat tenminste het positieve gevolg heeft dat de pest moeilijk als biologisch wapen kan worden gebruikt: hij is even gevaarlijk voor de aanvallers als voor de slachtoffers.

De ziekte komt nog steeds voor in sommige delen van de wereld, vooral in onhygiënische, achtergestelde landen waar besmette knaagdieren achterblijven. Koerdistan is een typisch voorbeeld, maar er worden regelmatig gevallen gemeld in Centraal- en Oost-Afrika, Vietnam, India, China, Brazilië en zelfs de Verenigde Staten. Een nieuwe pest pandemie is nog steeds mogelijk. In 1994 werd India getroffen door een epidemie die begon in Surat, in het westen van het land. Hoewel de ziekte slechts honderd slachtoffers eiste, bracht zij bepaalde tekortkomingen aan het licht: de trage reactie van de regering, de niet-reagerende humanitaire organisaties, de internationale opinie die slechts een blokkade van goederen afkondigde en paniekbewegingen die de verspreiding van de bacil in de hand werkten. De plaag blijft een niet te onderschatten bedreiging.

SAMENGEVAT

- De pest is een plaag die de mensheid al 20.000 jaar treft. De eerste pandemie trof het Middellandse Zeegebied in de periode van Justinianus, in 541, en bleef actief tot 767. Het Byzantijnse Rijk verloor een kwart van zijn bevolking en zijn economie werd geruineerd. Toen stierf de plaag op natuurlijke wijze uit, zonder duidelijke reden.

- De Zwarte Dood dook weer op in India of China in de 15DE eeuw. Het verspreidde zich snel over heel Azië. De Mongolen hebben het misschien gebruikt als oorlogswapen in Kaffa, door met pest geteisterde lijken op de Genuese handelspost te katapulteren. Besmet, verspreidde de stad de ziekte naar het Westen via haar handelsschepen.

- Van 1347 tot 1352 verspreidde de pest zich door heel Europa. Vanuit het Middellandse Zeegebied (Griekenland, Italië, Spanje, Zuid-Frankrijk) verspreidde de ziekte zich langs de havens en de verbindingswegen. Hij teisterde heel Frankrijk, Nederland, Engeland en Duitsland en bereikte zelfs Groenland en Rusland. Hoewel de ziekte in 1352 op natuurlijke wijze uitdoofde, dook zij tot in de 18DE EEUW om de acht à tien jaar weer op.

- De pest slaat toe in een toch al moeilijke context. Er waren veel politieke, economische en sociale problemen in die tijd. Frankrijk en Engeland vochten om grondgebied: de Honderdjarige Oorlog. Er waren ook veel hongersnoden als gevolg van het koude weer aan het begin van de eeuw.

- Tegenwoordig geloven de mensen dat de plaag een straf van God is. In werkelijkheid is het een bacterie, *Yersinia pestis*, die door vlooien wordt verspreid. De vlooien nemen eerst hun toevlucht tot de ratten die de sloppenwijken van middeleeuwse steden teisteren. Als de knaagdierpopulaties gedecimeerd zijn, besmetten de vlooien de mensen. Maar deze verklaring werd pas gevonden aan het eind van de 19DE EEUW.

- Geconfronteerd met een kwaad dat hij niet begrijpt, heeft de middeleeuwse mens verschillende soorten reacties. Hij kan wegzinken in losbandigheid of vluchten. Hij wendt zich vaak tot het geloof, in de hoop dat zijn vroomheid de goddelijke toorn zal sussen. In het uiterste geval kan hij een flagellant worden, die zijn lichaam martelt om vergeving te krijgen. En als dat nog niet genoeg is, zoekt hij zondebokken die hij verantwoordelijk acht voor de besmetting: Joden, prostituees, buitenlanders of armen zijn de eersten die zich zorgen maken.

- De gevolgen zijn talrijk. Met de demografische achteruitgang werd de economie hervormd: concentratie van grond en rijkdom, verdwijnen van bepaalde ambachten, onderbreking van de handel, enz. Ook de relatie met de dood werd gewijzigd: deze werd niet langer als vreedzaam en natuurlijk ervaren, maar als gewelddadig en onpersoonlijk. De psychologische schok was zo groot dat hij tot op de dag van vandaag zijn sporen nalaat. De vrees voor een nieuwe pandemie blijft bestaan, en de pest blijft een zeer aannemelijke bedreiging.

OM VERDER TE GAAN

BIBLIOGRAFISCHE BRONNEN

Balard (Michel), "Les semeurs de peste", in *L'Histoire*, nr. 262, februari 2002, blz. 18.

Barry (Stéphane) en Gualde (Norbert), "La Peste noire", in *L'Histoire*, nr. 310, juni 2006, blz. 38-49.

Barthélemy (Dominique), *La féodalité. De Charlemagne à la guerre de Cent Ans*, Parijs, La documentation française, 2013.

Bercé (Yves-Marie), "Rumeurs et épidémies : les semeurs de peste", in *L'Histoire*, nr. 218, februari 1998, blz. 78-83.

Boccaccio, *De Decameron*, Parijs, Livre de Poche, 1974.

Contamine (Philippe), Bompaire (Marc), Lebecq (Stéphane) en Sarrazin (Jean-Luc), *L'économie médiévale*, Parijs, Armand Colin, 2003.

Gauvard (Claude), Libera (Alain de) en Zink (Michel), *Dictionnaire du Moyen Âge*, Parijs, PUF, 2002.

Le Roy Ladurie (Emmanuel), *Histoire des paysans français de la Peste noire à la Révolution*, Parijs, Seuil, 2002.

Naphy (William) en Spicer (Andrew), *De Zwarte Dood. 1345-1730*, Parijs, Autrement, 2005.

Verdon (Jean), *Le Moyen Âge. Ombres et lumières*, Parijs, Perrin, 2005.

AANVULLENDE BRONNEN

BIRABEN (Jean-Noël), *Les hommes et la peste en France et dans les pays méditerranéens*, Parijs, Mouton, 1975-1976.

BIRABEN (Jean-Noël) en LE GOFF (Jacques), "La Peste dans le Haut Moyen Âge", *in Annales. Économies, Sociétés, Civilisations*, vol. 24, nr. 6, 1969, blz. 1484-1510.

http://www.persee.fr/web/revues/home/prescript/article/ahess_0395-2649_1969_num_24_6_422183

BOVE (Boris), *Le temps de la guerre de Cent Ans. 1328-1453*, Parijs, Belin, 2009.

COHN (Samuel), "Piété et commande d'œuvres d'art après la Peste noire", in *Annales. Histoire, Sciences Sociales*, vol. 51, n° 3, 1996, p. 551-573. http://www.persee.fr/web/revues/home/prescript/article/ahess_0395-2649_1996_num_51_3_410868

SABOT (Thierry), *Nos ancêtres au temps de la peste*, Parijs, Thisa, 2013.

ICONOGRAFISCHE BRON

Kaart met de geschiedenis van de Zwarte Dood over de hele wereld. De gereproduceerde foto is vermoedelijk vrij van copyright.

DOCUMENTAIRE

De Zwarte Dood, documentaire van Peter Nicholson, Groot-Brittannië, 2004.

We horen graag van u! Laat
een reactie achter op jouw online bibliotheek
en deel je favoriete boeken op social media!

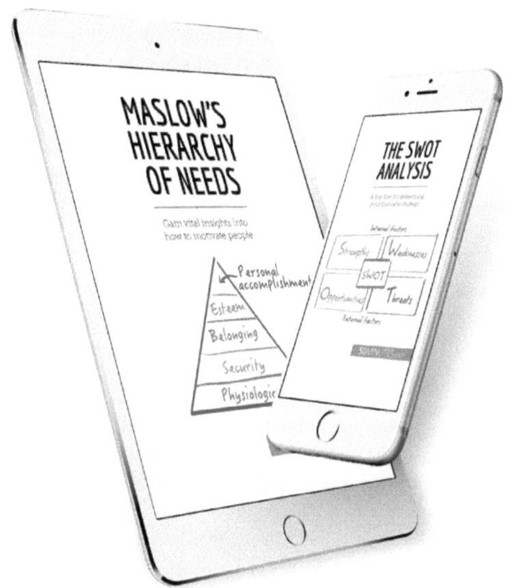

IMPROVE YOUR GENERAL KNOWLEDGE

IN THE BLINK OF AN EYE!

www.50minutes.com

Master ISBN: 9782808604741
Papier ISBN: 9782808605953
Wettelijk depot: D/2023/12603/22

Digitaal ontwerp: Primento,
de digitale partner van uitgevers.